Michael Licht

AF239311

Das Ende allen Leidens

Der absolut gute Gott und die Eliminierung des Bösen

Michael Licht

Das Ende
— allen —
Leidens

*Der absolut gute Gott und
die Eliminierung des Bösen*

© 2012 Michael Licht

Coverdesign: Rai Lu, www.designarchy.net
Verlag: tredition GmbH, Hamburg
Printed in Germany
ISBN: 978-3-8491-1750-4

Bibliografische Information der Deutschen Nationalbibliothek: Die Deutsche Nationalbibliothek verzeichnet diese Publikation in der Deutschen Nationalbibliografie; detaillierte bibliografische Daten sind im Internet über http://dnb.dnb.de abrufbar.

**Dieses Buch ist allen gewidmet, die
nach Gott und der Wahrheit suchen.**

Inhaltsverzeichnis

Kapitel 1

Über dieses Buch

Die Zielgruppe für dieses Buch sind alle Menschen, die vom Bösen und Leiden in unserer Welt angewidert sind und wissen wollen, wie dies mit der Existenz eines guten Gottes vereinbar sein soll.

Laut der konventionellen Sicht ist Gott allmächtig und gut, und könnte daher alles Leiden sofort beenden, bzw. alles Leiden bei seiner Schöpfung schon von Anfang an ausschließen. Die Realität des Leidens in unserer Welt wirft Zweifel auf, ob es überhaupt einen Gott gibt, und noch größere Zweifel, ob es einen guten Gott gibt. Dieses Problem wird auch Theodizee genannt (die Rechtfertigung Gottes angesichts des Übels in der Welt).

Dieses Buch wird zeigen, dass die Existenz Gottes mit dem Leiden in der Welt vereinbar ist, bei einer einzigen speziellen Situation. Und warum Gott nicht nur gut, sondern sogar absolut gut ist!

Es gibt unzählige Bücher, die versuchen die Realität des Leidens wegzuschreiben oder die versuchen, dem Leiden einen höheren Sinn herbeizuschreiben. Damit versuchen diese Bücher die Existenz eines guten Gottes mit dem Leiden in der Welt zu vereinbaren. Nach dem Motto: Es ist doch nicht so schlimm! Oder: Was dich nicht umbringt, macht dich stark! Dieses Buch lehnt dies vollkommen ab und grenzt sich damit von vermeintlich ähnlichen Büchern ab.

Es ist verständlich, das Leiden rechtfertigen zu wollen. Es ist schmerzhaft zu leiden und das Leiden bei anderen zu sehen. Noch schmerzhafter ist es, zu wissen, dass dieses Leiden sinnlos ist. Wie schön wäre es dagegen, wenn dieses Leiden einen höheren, von Gott gewollten Sinn hätte. Dann könnte man dem Leiden noch etwas Gutes abgewinnen. Das Leiden hat aber keinen höheren, von Gott gewollten Sinn. Leiden ist sinnlos.

Um zu dem Spruch zurückzukommen: „Was dich nicht umbringt, macht dich stark!" – genau das ist das Problem – am Ende stirbt jeder Mensch! Selbst wenn also ein Mensch in manchen Fällen denkt, durch Leiden stärker geworden zu sein – so ist dies nur temporär und vergänglich!

Das heißt, selbst wenn Leiden in speziellen Situationen einem Menschen scheinbar zum Fortschritt hilft, dann wird dieser Fortschritt letztendlich wieder von anderem Leiden (nämlich dem Tod) negiert. Und was ist das Sterben und der Tod, wenn nicht Leiden? Wenn man sich somit das Gesamtbild ansieht, anstatt nur einzelne Bildausschnitte, wird deutlich, dass Leiden keinen Sinn hat. Alles in unserer Welt muss früher oder später sterben! Nicht nur wir Menschen - sondern wirklich ALLES - sogar Sonnen und Planeten müssen eines Tages sterben!

Es drängt sich jetzt dem sehr geehrten Leser sicher die Frage auf, woher denn gerade der Autor die Antwort auf diese wichtigste Frage hat, nämlich die Frage, wie die Existenz Gottes mit dem Leiden in der Welt vereinbar ist. Alle Antworten kann man in der Bibel finden. Man muss nur die richtigen Stellen finden und richtig interpretieren.

Man könnte auch sagen: Alle Antworten kann man in der Bibel finden, aber nicht alles in der Bibel gibt Antworten. Oder auch: Alle Antworten in der Bibel kommen von Gott, aber nicht alles in der Bibel kommt von Gott. Lernen sie Jesus von seiner mächtigsten Seite kennen: Einen Jesus, der alles Böse und Leiden für immer eliminieren wird!

Die Bibelzitate in diesem Buch stammen aus der gemeinfreien Lutherbibel von 1912 und sind abgedruckt in *kursiv*. Die Versnummmerierungen innerhalb eines Bibelzitates wurden entfernt für einen besseren Lesefluss.

Es handelt sich bei der in diesem Buch beschriebenen Theologie um ein Modell, das heißt um die Abbildung der Realität. Dieses Modell kann die Realität natürlich nicht perfekt abbilden. Man kann kein perfektes Abbild von der extrem komplexen Realität in ein Buch schreiben. Ich bitte den Leser dies zu beachten.

Kapitel 2

Das Gleichnis vom Unkraut unter dem Weizen

Teil A: Das Gleichnis

Der Schlüssel, um die Wahrheit über Gott und die Welt zu erkennen, liegt in einem der Gleichnisse von Jesus Christus, nämlich dem Gleichnis vom Unkraut unter dem Weizen. Man sollte dabei bedenken, dass die Worte von Jesus in den Evangelien den allerhöchsten Stellenwert in der Bibel haben und absoluten Vorrang gegenüber allem anderen haben. Nur Jesus ist der Sohn Gottes. Das Gleichnis vom Unkraut unter dem Weizen befindet sich im Evangelium nach Matthäus.

Matthäus 13,24-30; 13,34; 13,36-43

Er legte ihnen ein anderes Gleichnis vor und sprach:
Das Himmelreich ist gleich einem Menschen, der guten
Samen auf seinen Acker säte. Da aber die Leute schliefen,
kam sein Feind und säte Unkraut zwischen den Weizen
und ging davon. Da nun das Kraut wuchs und Frucht
brachte, da fand sich auch das Unkraut.

Da traten die Knechte zu dem Hausvater und
sprachen: Herr, hast du nicht guten Samen auf
deinen Acker gesät? Woher hat er denn das Unkraut?
Er sprach zu ihnen: Das hat der Feind getan. Da sagten
die Knechte: Willst du das wir hingehen und es ausjäten?

Er sprach: Nein! auf daß ihr nicht zugleich den
Weizen mit ausraufet, so ihr das Unkraut ausjätet.
Lasset beides miteinander wachsen bis zur Ernte; und
um der Ernte Zeit will ich zu den Schnittern sagen:
Sammelt zuvor das Unkraut und bindet es in Bündlein,
daß man es verbrenne; aber den Weizen sammelt mir in
meine Scheuer.

Solches alles redete Jesus durch Gleichnisse zu dem
Volk, und ohne Gleichnis redete er nicht zu ihnen.

Da ließ Jesus das Volk von sich und kam heim. Und seine Jünger traten zu ihm und sprachen: Deute uns das Geheimnis vom Unkraut auf dem Acker.

Er antwortete und sprach zu ihnen: Des Menschen Sohn ist's, der da Guten Samen sät. Der Acker ist die Welt. Der gute Same sind die Kinder des Reiches. Das Unkraut sind die Kinder der Bosheit. Der Feind, der sie sät, ist der Teufel. Die Ernte ist das Ende der Welt. Die Schnitter sind die Engel.

Gleichwie man nun das Unkraut ausjätet und mit Feuer verbrennt, so wird's auch am Ende dieser Welt gehen: des Menschen Sohn wird seine Engel senden; und sie werden sammeln aus seinem Reich alle Ärgernisse und die da unrecht tun, und werden sie in den Feuerofen werfen; da wird sein Heulen und Zähneklappen. Dann werden die Gerechten leuchten wie die Sonne in ihres Vaters Reich. Wer Ohren hat zu hören, der höre!

Sehen wir uns nun das Gleichnis vom Unkraut unter dem Weizen näher an. Der Feind, der das Unkraut sät, ist der Teufel. Somit zeigt Jesus deutlich auf den Teufel als Verursacher von Leiden und Bösem. Nach der konventionellen Sicht ist Gott jedoch allmächtig. Und wenn Gott allmächtig ist, bedeutet dies, dass Gott zu jeder Zeit die volle Kontrolle über den Teufel hat. Also könnte Gott dem Teufel jederzeit Einhalt gebieten. Warum tut Gott das dann nicht? Laut der konventionellen Sicht vom allmächtigen Gott, wäre der einzige logische Grund, warum Gott dem Teufel nicht sofort Einhalt gebietet, dass Gott nicht gut ist. Dies ist natürlich total falsch. Gott ist absolut gut.

Teil B: Der Schlüssel

Wenn aber Gott absolut gut ist, warum gibt es dann Leiden und Böses in der Welt? Dazu müssen wir wegen der Wichtigkeit drei Verse des Gleichnisses vom Unkraut unter dem Weizen wiederholen:

Matthäus 13,27-30

Da traten die Knechte zu dem Hausvater und sprachen: Herr, hast du nicht guten Samen auf deinen Acker gesät? Woher hat er denn das Unkraut? Er sprach zu ihnen: Das hat der Feind getan. Da sagten die Knechte: Willst du das wir hingehen und es ausjäten?

Er sprach: Nein! auf daß ihr nicht zugleich den Weizen mit ausraufet, so ihr das Unkraut ausjätet. Lasset beides miteinander wachsen bis zur Ernte; und um der Ernte Zeit will ich zu den Schnittern sagen: Sammelt zuvor das Unkraut und bindet es in Bündlein, daß man es verbrenne; aber den Weizen sammelt mir in meine Scheuer.

Hier finden wir den Schlüssel zur Lösung des Problems. Hier sehen wir, dass Gott befiehlt, das Unkraut nicht sofort rauszureißen. Der Grund dafür ist, dass man mit dem Unkraut auch den Weizen rausreißen würde. Man muss hier noch dazu sagen, dass mit Unkraut sehr wahrscheinlich Lolium temulentum gemeint ist, da für das Wort Unkraut im griechischen zizania steht. Lolium temulentum sieht zuerst aus wie Weizen, ist aber giftiges Unkraut. Das Gleichnis ist in der Tat sehr treffend zur Beschreibung des Problems.

Ein allmächtiger Gott hätte jedoch selbst damit kein Problem und könnte sofort den Weizen vom wie Weizen aussehenden Unkraut trennen, oder sofort das Unkraut (Böse) in Weizen (Gutes) verwandeln.

Das Gleichnis zeigt jedoch, dass Gott nicht vollkommen allmächtig ist. Weil angenommen wird, dass das Gleichnis vom Unkraut unter dem Weizen tatsächlich die Worte Gottes sind, muss man daraus folgern, dass Gott selbstverständlich der Allerhöchste und Mächtigste ist, aber dass Gott nicht vollkommen allmächtig ist.

Wer jetzt denkt, Gott sei schwach, liegt natürlich falsch! Gott hat die höchste Macht und könnte das Unkraut (Böse) sofort eliminieren! Ein guter Gott würde dies möglicherweise tun: das Unkraut rausreißen und dabei riskieren, dass (teilweise) der Weizen mit rausgerissen wird. Das Ergebnis wäre relativ gut: Es wäre das sofortige Ende von Leiden und Bösem. Jedoch wäre es leider auch teilweise das Ende von manchem Weizen (Guten). Ein absolut guter Gott kann dies deswegen nicht machen. Ein absolut guter Gott kann es nicht riskieren einen Teil des Weizens zu verlieren! Wegen dieser Rücksichtsnahme, keine gute Seele zu verlieren, existiert noch temporär in unserer Welt das Leiden und Böse, bis zur Zeit der Ernte.

Teil C: Der Anfang und das Ende des Bösen

Doch wie kam es eigentlich zur Entstehung des Bösen? Sehen wir uns dafür noch mal die ersten zwei Verse an:

Matthäus 13,24-25

Er legte ihnen ein anderes Gleichnis vor und sprach: Das Himmelreich ist gleich einem Menschen, der guten Samen auf seinen Acker säte. Da aber die Leute schliefen, kam sein Feind und säte Unkraut zwischen den Weizen und ging davon.

Hier sieht man, dass es am Anfang nur „guten Samen" gab. Dies symbolisiert die ursprüngliche, vollkommen reine Welt Gottes, in der es kein Leiden und kein Böses gab. In dieser Welt gab es die totale Freiheit. Da es zuvor noch niemals Leiden oder Böses gegeben hat, machte sich niemand Gedanken darum, was passieren könnte, wenn jemand diese totale Freiheit missbraucht. Dies ist symbolisiert mit „da aber die Leute schliefen", was auch zeigt, dass Gott nicht allwissend in Bezug auf die Zukunft ist. Denn ansonsten hätte Gott im Voraus gewusst, dass der Teufel den Plan hat, Unkraut unter den Weizen zu säen und Gott hätte dies dann von Anfang an verhindern können. „Da aber die Leute schliefen" kamen bestimmte Wesen – symbolisiert durch den „Feind (Teufel)" – auf die Idee, ihre totale Freiheit zu missbrauchen und gegen Gott zu rebellieren. Dies war der Anfang von Leiden und Bösem. Diese Schwäche im System hat Gott erkannt und sichergestellt, dass dies nie wieder vorkommen wird.

Deswegen wurde diese totale Freiheit so modifiziert, dass niemand mehr gegen Gott rebellieren kann und Leiden und Böses verursachen kann. Freiheit sollte nicht die Freiheit sein, Leid zu verursachen, sondern Freiheit sollte nur die Freiheit sein, alles machen zu können was man will, solange man niemand anderem damit schadet! Für jemand mit gutem Herzen ist es damit kein Verlust, dass die totale Freiheit von Gott so verändert wurde, dass man dann nicht mehr die Freiheit hat, Leid zu verursachen. Daher hat man bei gutem Herzen dann immer noch genauso viel Freiheit wie vor der Modifikation, da die Gutherzigen sowieso ihre Freiheit nicht missbrauchen wollen.

Nachdem die Frage nach der Entstehung des Bösen geklärt ist, kommen wir jetzt zur Frage nach dem Ende des Bösen. Sehen wir uns dazu noch mal folgende drei Verse an:

Matthäus 13,30; 13,41-42;

Sammelt zuvor das Unkraut und bindet es in Bündlein, daß man es verbrenne; des Menschen Sohn wird seine Engel senden; und sie werden sammeln aus seinem Reich alle Ärgernisse und die da unrecht tun, und werden sie in den Feuerofen werfen; da wird sein Heulen und Zähneklappen.

Es wird nach Gottes Sieg über den Teufel kein Leid und keine Qual mehr geben, daher auch keine ewige Höllenqual. Eine ewige Hölle würde bedeuten, dass das Leiden für immer weiter gehen würde. Aber alles Leiden kommt vom Teufel. Eine ewige Hölle würde darum dem Teufel gefallen, obwohl der Teufel auch selbst leiden würde. Eine ewige Höllenstrafe würde zudem garantieren, dass der Teufel für immer und ewig weiterlebt. Daher würde eine ewige Höllenstrafe dem Teufel ewiges Leben geben! Der Teufel hat viel größere Angst vor seiner Eliminierung, als vor einer ewigen Höllenstrafe. Eine „Bestrafung" und darauf folgende Eliminierung des Teufels trifft den Teufel viel härter. Und gleichzeitig stellt es sicher, dass es KEIN Leiden mehr geben wird, auch kein Leiden der Bösen, da es nach der Eliminierung des Bösen keine Bösen mehr geben wird. Aber nur weil es keine ewige Höllenstrafe geben wird, heißt es nicht, dass es überhaupt keine „Bestrafung" geben wird. Dies wird symbolisiert durch „da wird sein Heulen und Zähneklappen".

Die Eliminierung des Bösen ist ein extrem komplexer Prozess und kein einfaches Ereignis, welches Gott im Handumdrehen erledigen kann. Wenn Gott vollkommen allmächtig wäre, so könnte und würde der absolut gute Gott noch in dieser Sekunde alles Böse augenblicklich eliminieren, doch wie das Gleichnis vom Unkraut unter dem Weizen zeigt, ist Gott nicht vollkommen allmächtig, wenn es darum geht das Böse zu überwinden und es aufzulösen.

Es handelt sich um einen Eliminationsprozess im Sinne davon, dass alles Böse und Leiden beendet wird. Man kann aber auch von einem Transformationsprozess sprechen, da das Böse nicht in Nichts aufgelöst werden kann, sondern nur in seinen Ursprungszustand als „Rohmaterial" zurückverwandelt werden kann. Daher werden Eliminationsprozess und Transformationsprozess in diesem Kontext als Synonyme benutzt und im Gleichnis vom Unkraut unter dem Weizen als „Feuerofen" symbolisiert.

In dem Eliminationsprozess werden die Seelen, die unwiderruflich dem Bösen dienen, wieder in ihren ursprünglichen unerschaffenen Zustand als unpersönliches „Rohmaterial" zurücktransformiert. Denn es ist „physikalisch" unmöglich eine Seele einfach in Nichts aufzulösen. Dieses „Recycling" der bösen Seelen beinhaltet, wie es im Gleichnis vom Unkraut unter dem Weizen symbolisiert wird, dass „da wird sein Heulen und Zähneklappen". Dieser Prozess ist „physikalisch" zwingend notwendig, um das Böse in seinen Ursprungszustand ohne Bewusstsein zurückzusetzen.

Eine solche „Bestrafung" ist nicht vergleichbar mit Vergeltung, die Menschen an anderen Menschen ausüben, weil das Böse sich im Eliminationsprozess die „Strafe" im Grunde selbst zufügt. Und außerdem ist dieser Prozess „physikalisch" zwingend notwendig, um alles Leiden für immer zu beenden. Der absolut gute Gott übt keine Vergeltung aus. Und eine Strafe zur Abschreckung, Verhaltensverbesserung oder Erhöhung der Sicherheit ist ja dann auch nicht mehr nötig, weil es sowieso kein Böses und kein Leiden mehr geben wird.

Dieser hochkomplexe Transformationsprozess ist unvermeidbar, da Gott eben in dieser einen speziellen Situation, in der wir uns temporär befinden, nicht vollkommen allmächtig ist. Glücklicherweise wird der Tag des letzten Gerichts, im Gegensatz zu allen menschlichen Gerichten, ein absolut gerechter Prozess sein, da Gott jedes Herz kennt und damit sowohl einerseits jede verborgene böse Lüge durchschaut, als auch andererseits jede verborgene gute Absicht erkennt.

In unserer Welt sind Weizen und Unkraut, Gut und Böse, miteinander vermischt. Jesus wird den Weizen vom Unkraut trennen, das heißt die Guten von den Bösen trennen. Dann werden die Bösen und mit ihnen alles Leiden eliminiert. Und die Guten werden in der absolut guten Welt Gottes ewiges Leben erhalten, siehe Matthäus 13,43:

Dann werden die Gerechten leuchten wie die Sonne in ihres Vaters Reich. Wer Ohren hat zu hören, der höre!

Kapitel 3

Dualistisches Christentum

Teil A: Ein dualistischer Christ

Ich bezeichne mich als dualistischen Christen. Das bedeutet, dass ich als Monotheist an den einen Gott glaube. Ich glaube an meine Rettung durch Jesus Christus, den Sohn Gottes. Ich glaube daran, dass Gott und der Teufel absolute Widersacher sind und Gott den Teufel eines Tages besiegen und für immer eliminieren wird. Danach wird es nie wieder Leid und Böses geben. Ich glaube daran, dass Gott seine Anhänger durch seinen Sohn Jesus Christus retten wird und ewiges Leben geben wird und dass Gott die Anhänger des Teufels eliminieren wird.

Das in diesem Buch beschriebene dualistische Christentum ist immer dualistisch im Sinne von zwei absoluten Widersachern. Was bedeutet das?

Im dualistischen Christentum sind Gut und Böse, Gott und Teufel, zwei vollkommen unterschiedliche, voneinander unabhängige Mächte. Diese beiden Mächte sind einander entgegengesetzt. Bei dem asiatischen Konzept des Yin und Yang gibt es zwei Kräfte, die nur scheinbar gegeneinander agieren, aber eigentlich komplementär sind und ein Ganzes bilden. Dies ist hier nicht gemeint. Sondern diese beiden Mächte - Gut und Böse - Gott und Teufel - sind NICHT komplementär, sie ergänzen sich NICHT gegenseitig, sie bedingen sich NICHT gegenseitig.

Das System des Yin und Yang wird auch manchmal als relativer Dualismus bezeichnet. Ein weiteres Beispiel für relativen Dualismus ist die konventionelle Sicht, dass Gott vollkommen allmächtig ist und gleichzeitig der Teufel existiert. Leiden und Böses ist dann von Gott gewollt und Teil eines von Gott gewollten Plans, beispielsweise um seine Schöpfung zu testen. Das Problem dieser konventionellen Sicht ist, dass Gott dann nicht gut wäre. Selbst von Menschen erwartet man, dass die Eltern ihre Kinder vor Leid schützen, anstatt ihren Kindern absichtlich Leid zu zufügen. Wenn selbst Menschen dies tun, um wievielmal besser ist dann erst Gott? Es wäre absurd zu denken, dass ein Mensch so gut sein kann wie Gott. Und noch abwegiger wäre es zu denken, dass ein Mensch sogar besser sein kann als Gott. Wenn schon das Geschöpf (der Mensch) sich um seine Kinder kümmert, um wievielmal mehr kümmert sich dann erst der Schöpfer (Gott) um seine Kinder?

Das dualistische Christentum sieht Gott als fast allmächtig an, aber nicht als vollkommen allmächtig an, in diesem einen speziellen Fall in dem wir uns momentan befinden. Dies ist natürlich sehr schmerzhaft für uns, die wir uns gerade in dieser einen speziellen Situation befinden. Doch es ist wie es ist und ob Ihnen oder mir das gefällt oder nicht gefällt ist irrelevant, da sich die Realität nicht nach unserer Meinung richtet. Jedoch darf man auch nicht paranoid werden und die ganze Zeit darüber nachdenken. Man muss in der Welt leben, ohne sich mit der Welt verbunden zu fühlen. Man muss versuchen eine persönliche Verbindung mit Gott aufzubauen, von Herz zu Herz, von Seele zu Seele.

Teil B: Das Gute und das Böse

Das Gute und das Böse sind absolute Widersacher. Das Böse braucht das Gute, das Gute braucht jedoch NICHT das Böse. Der Teufel braucht Gott, Gott braucht jedoch NICHT den Teufel. Der Teufel und das Böse sind parasitär, ohne Gott und das Gute können sie (auf Dauer) nicht existieren.

Dass das Gute selbstlos ist und das Böse egoistisch ist, ist nur teilweise richtig. Eine bessere Beschreibung ist, dass das Gute auf den Vorteil aller Guten bedacht ist (was auch den eigenen Vorteil mit einschließt). Wichtig ist hier zu notieren, dass auch wirklich der Vorteil ALLER Guten gemeint ist, also nicht nur der Mehrheit, sondern der Vorteil ALLER. Dies ist natürlich in unserer Welt schwer bis unmöglich umzusetzen, aber in der Welt Gottes Selbstverständlichkeit. Das Böse ist in der Tat selbstsüchtig, jedoch auch extrem hierarchisch. Das Böse funktioniert nach dem Prinzip: Nach oben buckeln, nach unten treten. Allerdings ist hier anzumerken, dass das Böse keinerlei Loyalität hat. Bei passender Gelegenheit werden die Oberen die Unteren verraten und werden die Unteren die Oberen verraten. Und auch auf gleicher Ebene gibt es diesen gegenseitigen Verrat. Das Gute ist hingegen eine loyale Gemeinschaft.

In der Welt Gottes kann niemand jemand anderem seinen Willen aufzwingen. In der Welt Gottes beinhaltet die Freiheit auch, dass man sich nicht verstellen muss. Wenn das Böse sich nicht wieder eingliedert in das Gute, wird es zu einer erzwungenen Trennung von Gut und Böse kommen, bei der das Böse eliminiert wird, und das Gute das ewige Leben in Gottes wahrer Schöpfung bekommt.

Teil C: Weder ditheistisch noch monistisch

Das dualistische Christentum ist dualistisch, aber nicht ditheistisch. Das dualistische Christentum ist monotheistisch, aber nicht monistisch. Was bedeutet dies? Ditheismus ist der Glaube an zwei Götter. Das dualistische Christentum ist nicht ditheistisch, da der Teufel eindeutig schwächer ist als Gott und von Gott erschaffen wurde (vor der Rebellion des Teufels – das heißt der Teufel wurde gut erschaffen) und von Gott eliminiert werden wird (es sei denn der Teufel ändert sich noch – was sehr unwahrscheinlich ist).

Im Ditheismus existieren zwei gleichstarke Götter, die weder Anfang noch Ende haben. Im dualistischen Christentum hat nur Gott weder Anfang noch Ende und ist dem Teufel unendlich überlegen. Der Teufel hatte hingegen einen Anfang und wird bald ein Ende haben.

Monismus bedeutet, dass alles was existiert eine Erscheinung Gottes ist. Das heißt laut dem Monismus sind Kriege, Mord, Folter, Vergewaltigungen und Gewalt Erscheinungen Gottes. Ein Beispiel für den Monismus ist der sogenannte relative Dualismus, da im relativen Dualismus der Teufel und alles Böse von einem allmächtigen, allwissenden Gott so gewollt sind. Das dualistische Christentum hingegen ist immer dualistisch im Sinne des absoluten Dualismus und niemals im relativen Sinne. Die Christen, die sich dem relativen Dualismus zuordnen, sollten sich daher als monistische Christen bezeichnen. Monistische Christen sind alle Christen, die der konventionellen Sicht der verschiedenen Kirchen anhängen (zum Zeitpunkt des Schreibens dieses Buchs gibt es keine christliche Kirche im Sinne des absoluten Dualismus). Denn laut der konventionellen Sicht wurde ALLES und JEDER von einem vollkommen allmächtigen und allwissenden Gott erschaffen. Man muss natürlich anmerken, dass viele Christen trotz Mitgliedschaft in einer dieser monistischen Kirchen, NICHT Anhänger der monistischen Lehre dieser Kirchen sind. Diese Christen sollten sich natürlich trotz ihrer Mitgliedschaft in einer der monistischen Kirchen NICHT als monistische Christen bezeichnen. Jedenfalls ist das (absolut) dualistische Christentum monotheistisch im Sinne vom Glauben an den einen Gott, jedoch natürlich nicht monistisch.

Teil D: Nur Gott ist unser Vater und Jesus Christus unser Lehrer

Manche Leute mögen sich nun die Frage stellen, wie ich es wagen kann, die Bibel im Sinne eines dualistischen Christentums zu interpretieren. Betrachten wir dazu die folgenden zwei Verse:

Matthäus 23,9-10

Und sollt niemand Vater heißen auf Erden, denn einer ist euer Vater, der im Himmel ist. Und ihr sollt euch nicht lassen Meister nennen; denn einer ist euer Meister, Christus.

Im Einklang mit den Worten unseres Herrn Jesus Christus möchte ich nicht „Vater" oder „Meister / Lehrer" genannt werden. Ich teile meine Interpretation der

Worte von Jesus mit jedem, den es interessiert. Nicht mehr und nicht weniger. Ich beanspruche nicht das alleinige Recht, die Bibel zu interpretieren. Dasselbe Verhalten erwarte ich auch von allen anderen Menschen. Nur Gott hat das Recht über meinen Glauben zu urteilen.

Auch wenn es momentan keine Kirche im Sinne des dualistischen Christentums gibt, ist es weder nötig noch weise, deswegen eine eigene Kirche zu gründen. Es gibt schon mehr als genug Kirchen. Wenn Sie das Bedürfnis haben, etwas zum Positiven zu verändern, dann arbeiten sie innerhalb ihrer Kirche, um die Leute über das dualistische Christentum aufzuklären. Aber wichtiger als Kirchen ist die persönliche Verbindung mit Gott, von Herz zu Herz, von Seele zu Seele. Und bei aller Hilfe muss jeder Mensch letztendlich Gott für sich selbst finden. Dies ist eine persönliche Verbindung zwischen Gott und jedem Individuum. Man braucht keine anderen Menschen zur Vermittlung mit Gott.

Der Wert eines Menschen vor Gott ist unabhängig von seiner Hautfarbe, Kultur, Religion (inklusive keiner Religion), Geschlecht oder sonstigen Äußerlichkeiten. Der Wert eines Menschen vor Gott ist abhängig von seinem Herzen, seiner Seele, seinen

Absichten und Taten. Die Offenbarung des Johannes spricht von unzählbar vielen Menschen aus ALLEN Nationen und Völkern und Sprachen, die gerettet werden:

Offenbarung 7,9

Darnach sah ich, und siehe, eine große Schar, welche niemand zählen konnte, aus allen Heiden und Völkern und Sprachen, vor dem Stuhl stehend und vor dem Lamm, angetan mit weißen Kleidern und Palmen in ihren Händen.

Teil E: Teufel

Nun zu einer anderen Frage: Wer ist der Teufel? Der Teufel ist eine höhere Macht, die gegen Gott (die höchste Macht) rebelliert und deren Willen es ist, Böses zu tun, Leid zu verursachen und die Seelen der Menschen zu zerstören, so dass sie nicht zu Gott zurückkehren können. Der Teufel kann im positiven Sinne nichts erschaffen. Das einzige, was der Teufel kann, ist etwas Gutes zu etwas Schlechtem zu machen. Der Teufel kann nichts reinigen, sondern nur verunreinigen. Der Teufel kann nichts verbessern, sondern nur verschlechtern. Ohne Täuschungsmanöver würde dem Teufel fast niemand folgen. Darum baut der Teufel seine Macht auf Lügen und Täuschungen auf und versucht seine Identität zu verbergen.

Der Teufel brachte das Leiden, den Tod und das Böse in die Welt. Da Gott absolut gut ist, ist für Gott jedes seiner Geschöpfe wertvoll und in der Welt Gottes muss deswegen kein Geschöpf leiden und es gibt keine Nahrungskette. In unserer Welt altern und sterben alle Körper wegen des Teufels. Weil Gott absolut gut ist, muss in der Welt Gottes kein Körper altern und sterben, es gibt keinen Tod! Auch gibt es dort keine Krankheiten, keine Verletzungen und keine sonstigen Unannehmlichkeiten.

Teil F: Welt Gottes

Man mag sich jetzt fragen, wie das möglich sein soll, denn in unserer Welt ist der Tod unumgänglich. Die Antwort darauf ist, dass wir in einem korrumpierten System leben, wohingegen es in der Welt Gottes ein makelloses System gibt. Dieses makellose System in der Welt Gottes, ist von Grund auf inklusive der kleinsten Teilchen, fundamental verschieden von dem korrumpierten System, in dem wir momentan leben.

Offenbarung 22,1-5

Und er zeigte mir einen lautern Strom des lebendigen Wassers, klar wie ein Kristall; der ging aus von dem Stuhl Gottes und des Lammes. Mitten auf ihrer Gasse auf beiden Seiten des Stroms stand Holz des Lebens, das trug zwölfmal Früchte und brachte seine Früchte alle Monate; und die Blätter des Holzes dienten zu der Gesundheit der Heiden. Und es wird kein Verbanntes mehr sein. Und der Stuhl Gottes und des Lammes wird darin sein; und seine Knechte werden ihm dienen und sehen sein Angesicht; und sein Name wird an ihren Stirnen sein. Und wird keine Nacht da sein, und sie werden nicht bedürfen einer Leuchte oder des Lichts der

Sonne; denn Gott der HERR wird sie erleuchten, und sie werden regieren von Ewigkeit zu Ewigkeit.

Diese Verse sind eine Allegorie für die Welt Gottes. Dazu muss man anmerken, dass das lebendige Wasser in anderen bedeutenden Übersetzungen als Wasser des Lebens übersetzt wird. Dies passt besser als Antwort auf die Frage, warum es in der Welt Gottes keine Nahrungskette geben soll. Wie man sieht geht das Wasser des Lebens direkt von Gott aus. Daran erkennt man, dass kein Lebewesen auf Nahrungssuche gehen muss, da ALLE direkt von Gott versorgt werden. Man sieht auch, dass in dieser Allegorie von Wasser, Früchten und Blättern gesprochen wird. Das Konsumieren des „Wasser des Lebens" und das Konsumieren der Früchte und Blätter von den Bäumen des Lebens, ist die bestmögliche Beschreibung einer Welt ohne Nahrungskette mit Metaphern aus unserer Welt. Wenn ein Mensch Wasser aus einem Strom trinkt, stirbt deswegen nicht der Strom. Wenn ein Mensch von einem Baum eine Frucht verspeist oder von einem Baum ein paar Blätter zur Heilung verwendet, stirbt deswegen nicht der Baum. Dies ist natürlich nicht wortwörtlich zu nehmen, sondern als Allegorie für die Welt Gottes zu verstehen. Es ist nicht so, dass in der Welt Gottes die Leute Wasser aus einem Strom trinken und Früchte von Bäumen essen, so wie wir das kennen. Die Welt Gottes ist inklusive der kleinsten Teilchen von Grund auf anders aufgebaut als unsere korrumpierte Welt. Dass die Bäume des Lebens jeden Monat Früchte bringen, symbolisiert, dass es in der Welt Gottes keinen Mangel gibt.

Um zu verstehen wie verschieden die Welt Gottes VON GRUND AUF ist, sehen wir uns nochmal Offenbarung 22,5 an:

Und wird keine Nacht da sein, und sie werden nicht bedürfen einer Leuchte oder des Lichts der Sonne; denn Gott der HERR wird sie erleuchten, und sie werden regieren von Ewigkeit zu Ewigkeit.

Im System Gottes gibt es keine Nacht, das heißt keinen Schlaf! Warum sollte Gott auch wollen, dass seine Geschöpfe schlafen müssen? Daran, dass es keinen Schlaf gibt in der Welt Gottes, zeigt sich, wie fundamental verschieden das System in der Welt Gottes ist. In unserer Welt sind Schlaf und Tod unvermeidlich. Auch sehen wir, dass man in der Welt Gottes weder künstliches Licht noch natürliches Licht braucht. Man braucht weder eine Lampe noch braucht man die Sonne und hat trotzdem Licht! Dies ist in dem System unserer

Welt unvorstellbar und zeigt, dass die Welt Gottes von Grund auf verschieden ist. Das Regieren von Ewigkeit zu Ewigkeit symbolisiert, dass es in der Welt Gottes ewiges Leben gibt und keinen Tod.

Ebenfalls gibt es in der Welt Gottes keine negativen Emotionen. Manche Leute mögen jetzt denken: Ach, wenn alles so gut ist, das wäre mir zu langweilig! Das zeigt, dass diese Leute es nicht verstanden haben. Man kann in der Welt Gottes keine negativen Emotionen empfinden, daher kann es einem auch nicht langweilig sein.

Kapitel 4

<u>Warnung</u>

Leider kann der in diesem Buch beschriebene Dualismus für böse Zwecke missbraucht werden. Deshalb ist dies eine Warnung an alle, das in diesem Buch Geschriebene nicht zu missbrauchen. Dies ist eine Warnung davor, seine Gegner als „vom Teufel besessen" zu diffamieren. Kein Mensch kann mit Sicherheit wissen, wer auf welcher Seite steht, da unsere Welt eine Welt der Lüge und Täuschung ist. Es ist zwar richtig, sich vor Menschen, die man als böse einschätzt, zu schützen. Es ist jedoch absolut falsch und der Menschheit absolut verboten „Justiz" im Namen Gottes zu verüben. Dies ist ausschließlich Gott vorbehalten und wird am Tag des letzten Gerichts geschehen.

Kapitel 5

Das Wichtigste Gebot

Teil A: Gott von ganzem Herzen lieben

Viele kennen die Zehn Gebote, aber vergessen das Wichtigste Gebot:

Matthäus 22,34-40

Da aber die Pharisäer hörten, wie er den Sadduzäern das Maul gestopft hatte, versammelten sie sich. Und einer unter ihnen, ein Schriftgelehrter, versuchte ihn und sprach: Meister, welches ist das vornehmste Gebot im Gesetz? Jesus aber sprach zu ihm: „Du sollst lieben Gott, deinen HERRN, von ganzem Herzen, von ganzer Seele und von ganzem Gemüte." Dies ist das vornehmste und größte Gebot. Das andere aber ist ihm gleich; Du sollst deinen Nächsten lieben wie dich selbst. In diesen zwei Geboten hängt das ganze Gesetz und die Propheten.

Das Wichtigste Gebot laut unserem Herrn Jesus Christus ist es, Gott mit ganzem Herzen und mit ganzer Seele zu lieben! Dies zeigt, dass es falsch ist, Gott zu fürchten. Anstatt Gott zu fürchten, muss man Gott lieben. Dies ist sogar laut Jesus das allerwichtigste Gebot. Daher ist es falsch, dass sich Gläubige als Gottesfürchtig bezeichnen und darauf stolz sind. Gläubige müssen Gottesliebend sein. Warum wird fast immer von Gottesfürchtig anstatt von Gottesliebend gesprochen, obwohl laut unserem Herrn Jesus Christus das Wichtigste Gebot ist, Gott zu lieben?

Nach dem Verkünden des Wichtigsten Gebotes verknüpft Jesus die Gottesliebe mit der Nächstenliebe. Warum diese Verknüpfung von Gottesliebe mit Nächstenliebe? Der Grund dafür ist, dass die Nächstenliebe auf der Gottesliebe aufbaut. Die konventionelle Sicht redet nur über die Nächstenliebe, vergisst aber das Fundament der Nächstenliebe, nämlich die Gottesliebe! Die Nächstenliebe betrifft daher nur diejenigen Nächsten, die ebenfalls Gott lieben. Es betrifft nicht die „Nächsten", die dem Teufel dienen. Doch was ist Gottesliebe? Sehen wir uns dazu noch mal Matthäus 22,37 an:

Jesus aber sprach zu ihm: „Du sollst lieben Gott, deinen HERRN, von ganzem Herzen, von ganzer Seele und von ganzem Gemüte."

Man zeigt die Gottesliebe nicht durch Äußerlichkeiten, sondern hat sie in seinem Herzen, in seiner
Seele. Daher kann es schwierig oder unmöglich sein,
zu erkennen wer die Nächsten sind, die ebenfalls Gott
lieben.

Teil B: Das Herz

Man sollte sich daher an der Goldenen Regel
orientieren:

Matthäus 7,12

*Alles nun, was ihr wollt, daß euch die Leute tun
sollen, das tut ihr ihnen auch. Das ist das Gesetz und die
Propheten.*

Jemand, der diese Goldene Regel nicht befolgt
und anderen absichtlich Leid zufügt, der befolgt das
Gesetz selbst nicht. Von daher muss man ihm auch
keine Nächstenliebe geben.

Was sagt uns Jesus noch über das Herz?

Matthäus 5,8

Selig sind, die reines Herzens sind; denn sie werden Gott schauen.

Lukas 16,14-15

Das alles hörten die Pharisäer auch, und waren geizig, und spotteten sein. Und er sprach zu ihnen: Ihr seid's, die ihr euch selbst rechtfertigt vor den Menschen; aber Gott kennt eure Herzen; denn was hoch ist unter den Menschen, das ist ein Greuel vor Gott.

Ein Mensch kann gut sein in Herz und Seele, auch wenn er eine böse Tat begeht. Umgekehrt gilt auch: Ein Mensch kann böse sein in Herz und Seele, auch wenn er eine (scheinbar) gute Tat vollbringt. Man sieht hier auch, dass Jesus das Beurteilungsvermögen der Menschen tadelt, in dem er erklärt, dass das, was die Menschen hoch würdigen, für Gott ein Gräuel ist.

Der Teufel und die bösherzigen Menschen müssen sich entscheiden: Wollen sie sich Gott und den gutherzigen Menschen freiwillig anschließen oder wollen sie böse bleiben um weiter Leid zu verursachen bis zu ihrer Selbstzerstörung / Eliminierung?

Kapitel 6

Jesus ist Stärke

Teil A: Die Macht im Kampf gegen die Bösen

Jesus wird leider in der konventionellen Sicht oft fälschlicherweise als schwach dargestellt. Das ist absurd. Jesus Christus ist der Sohn Gottes und damit das mächtigste Wesen!

Die konventionelle Sicht behauptet, dass Jesus uns gelehrt hat, unsere Feinde zu lieben. Wenn man diesen Grundsatz, seine Feinde zu lieben, bis zum logischen Extrem nimmt, würde das bedeuten, dass die Menschen den Teufel lieben sollen, denn schließlich ist der Teufel der größte Feind der Menschheit. Dass man die Bösen lieben soll, ist total falsch und absurd. Jesus hat niemals gesagt, dass man seine tatsächlichen Feinde (die Bösen) lieben soll. Das würde den Bösen nur helfen noch mehr Leid zu verursachen.

Jesus sagte, dass man seine SCHEINBAREN Feinde lieben soll, die in Wirklichkeit seine Nächsten sind. Aufgrund von Vorurteilen, Missverständnissen und der komplexen und manchmal undurchschaubaren Situation kann man fälschlicherweise jemanden als Feind empfinden, der kein Feind ist. Vergleichen Sie hierzu die Ausführungen zur Nächstenliebe im vorangegangen Kapitel „Das Wichtigste Gebot".

Die konventionelle Sicht vergisst meistens auch, dass Jesus seinen Anhängern die Vollmacht gegeben hat, auf Schlangen und Skorpione zu treten! Also genau das Gegenteil davon, den Bösen die andere Wange hinzuhalten:

Lukas 10,19

Sehet, ich habe euch Macht gegeben, zu treten auf Schlangen und Skorpione, und über alle Gewalt des Feindes; und nichts wird euch beschädigen.

Teil B: Jesus in der Offenbarung

Auch die Offenbarung zeigt Jesus in seiner Macht und Stärke:

Offenbarung 1,12-17

Und ich wandte mich um, zu sehen nach der Stimme, die mit mir redete. Und als ich mich umwandte sah ich sieben goldene Leuchter und mitten unter die sieben Leuchtern einen, der war eines Menschen Sohne gleich, der war angetan mit einem langen Gewand und begürtet um die Brust mit einem goldenen Gürtel. Sein Haupt aber und sein Haar war weiß wie weiße Wolle, wie der Schnee, und seine Augen wie eine Feuerflamme und seine Füße gleichwie Messing, das im Ofen glüht, und seine Stimme wie großes Wasserrauschen; und er hatte sieben Sterne in seiner rechten Hand, und aus seinem Munde ging ein scharfes, zweischneidiges Schwert, und sein Angesicht leuchtete wie die helle Sonne. Und als ich ihn sah, fiel ich zu seinen Füßen wie ein Toter; und er legte seine rechte Hand auf mich und sprach zu mir: Fürchte dich nicht! Ich bin der Erste und der Letzte.

Teil C: Jesus und die Tempelreinigung

Auch die Tempelreinigung zeigt den Jesus der Stärke:

Matthäus 21,12-13

Und Jesus ging zum Tempel Gottes hinein und trieb heraus alle Verkäufer und Käufer im Tempel und stieß um der Wechsler Tische und die Stühle der Taubenkrämer und sprach zu ihnen: Es steht geschrieben: „Mein Haus soll ein Bethaus heißen"; ihr aber habt eine Mördergrube daraus gemacht.

Jesus hat den Geldwechslern nicht die andere Wange hingehalten, sondern hat sie aus dem Tempel vertrieben und ihre Sachen umgestoßen!

Kapitel 7

Rettung nur durch Jesus Christus

Teil A: Wie erfolgt die Rettung

Der Leser wird sich nun fragen: Wie können wir uns aus dieser bösen Welt retten? In der heutigen Zeit wird oft behauptet, dass jeder Mensch sein Schicksal selbst in der Hand hält, dass man niemanden braucht und seines eigenen Glückes Schmied ist. Das ist falsch:

Johannes 8,36

So euch nun der Sohn frei macht, so seid ihr recht frei.

Johannes 14,6

Jesus spricht zu ihm: Ich bin der Weg und die Wahrheit und das Leben; niemand kommt zum Vater denn durch mich.

Befreiung gibt es NUR durch Jesus Christus, man kann sich nicht selbst befreien und auch niemand sonst kann einen befreien, sondern NUR Jesus Christus. Kann man selbst etwas tun? Ja, man sollte daran arbeiten, ein gutes Herz zu haben, Gott zu lieben und sich geistig auf seine Befreiung vorbereiten. Aber die Befreiung selbst erfolgt NUR durch Jesus Christus, den Sohn Gottes. Jesus ist der Weg, die Wahrheit und das Leben und niemand kommt zu Gott außer durch Jesus Christus.

Teil B: Wann erfolgt die Rettung

Die andere Frage, die sich der Leser stellt, ist sicher: WANN wird denn unsere Befreiung durch Jesus Christus stattfinden? Dazu kann man nur sagen, dass dies niemand weiß, außer Gott. Kein Mensch weiß, wann es soweit ist. Das beinhaltet auch, dass kein Mensch weiß, wann es nicht soweit ist.

Matthäus 24,35-36

Himmel und Erde werden vergehen; aber meine Worte werden nicht vergehen. Von dem Tage aber und von der Stunde weiß niemand, auch die Engel nicht im Himmel, sondern allein mein Vater.

Kapitel 8

Dualismus im Evangelium nach Matthäus

Teil A: Gott gegen Mammon

Im Evangelium nach Matthäus befindet sich nicht nur das Gleichnis vom Unkraut unter dem Weizen (Matthäus 13,24-30; 13,36-43), sondern noch weiterer Dualismus:

Matthäus 6,24

Niemand kann zwei Herren dienen: entweder er wird den einen hassen und den andern lieben, oder er wird dem einen anhangen und den andern verachten. Ihr könnt nicht Gott dienen und dem Mammon.

Nach der konventionellen Sicht von einem allmächtigen, allumfassenden Gott ist dies unlogisch. Denn dann wäre der Mammon von Gott gewollt. Wenn man dann dem Mammon dienen würde, würde man indirekt Gott dienen. Aber das ist natürlich falsch. Es gibt auch den Einwand, dass der nach der konventionellen Sicht allmächtige und allwissende Gott den Mammon nur erschaffen hat, um die Menschheit zu prüfen. Doch dann wäre dies alles nur ein fragwürdiges Spiel, da ein allmächtiger Gott selbst festlegt, wer die Prüfung besteht und wer sie nicht besteht, und ein allwissender Gott sowieso das Ergebnis dieses fragwürdigen Spiels im Voraus kennen würde. Aber das ist falsch, denn Gott macht selbstverständlich keine fragwürdigen Spiele. Wie man an dem Bibelvers klar sieht, sind Gott und Mammon absolut antagonistisch zueinander, was nur so sein kann, wenn Gott nicht vollkommen allmächtig ist.

Teil B: Es gibt zwei Wege

Matthäus 7,13-14

Gehet ein durch die enge Pforte. Denn die Pforte ist weit, und der Weg ist breit, der zur Verdammnis ab führt; und ihrer sind viele, die darauf wandeln. Und die Pforte

ist eng, und der Weg ist schmal, der zum Leben führt; und
wenige sind ihrer, die ihn finden.

Wenn es einen allmächtigen, allumfassenden Gott geben würde, dann wäre dies unlogisch. Denn dann wäre jeder Weg ein Weg zu Gott und zum Leben. Im Dualismus macht es aber natürlich Sinn, dass von zwei Wegen gesprochen wird.

Teil C: Gute und schlechte Menschen

Matthäus 13,47-50

Abermals ist gleich das Himmelreich einem Netze, das ins Meer geworfen ist, womit man allerlei Gattung fängt. Wenn es aber voll ist, so ziehen sie es heraus an das Ufer, sitzen und lesen die guten in ein Gefäß zusammen; aber die faulen werfen sie weg. Also wird es auch am Ende der Welt gehen: die Engel werden ausgehen und die Bösen von den Gerechten scheiden und werden sie in den Feuerofen werfen; da wird Heulen und Zähneklappen sein.

Auch das Gleichnis vom Fischnetz ist dualistisch. Wenn ein allmächtiger Gott alles erschaffen hätte, warum hätte der allmächtige Gott dann „schlechte Fische" erschaffen, nur um sie dann auszusortieren und in den „Feuerofen" zu werfen? Ein allmächtiger Gott hätte auf jeden Fall ausschließlich „gute Fische" erschaffen. Das Gleichnis macht jedoch Sinn, wenn Gott nicht vollkommen allmächtig ist und die Bösen von den Gerechten trennen muss.

Teil D: Kluge und törichte Menschen

Lesenswert im Sinne des Dualismus ist auch das Gleichnis von den klugen und törichten Jungfrauen:

Matthäus 25,1-13

Dann wird das Himmelreich gleich sein zehn Jungfrauen, die ihre Lampen nahmen und gingen aus, dem Bräutigam entgegen. Aber fünf unter ihnen waren töricht, und fünf waren klug. Die törichten nahmen Öl in ihren Lampen; aber sie nahmen nicht Öl mit sich. Die klugen aber nahmen Öl in ihren Gefäßen samt ihren Lampen.

Da nun der Bräutigam verzog, wurden sie alle schläfrig und schliefen ein. Zur Mitternacht aber ward ein Geschrei: Siehe, der Bräutigam kommt; geht aus ihm entgegen! Da standen diese Jungfrauen alle auf und schmückten ihre Lampen. Die törichten aber sprachen zu den klugen: Gebt uns von eurem Öl, denn unsere Lampen verlöschen. Da antworteten die klugen und sprachen: Nicht also, auf daß nicht uns und euch gebreche; geht aber hin zu den Krämern und kauft für euch selbst.

Und da sie hingingen, zu kaufen, kam der Bräutigam; und die bereit waren, gingen mit ihm hinein zur Hochzeit, und die Tür ward verschlossen. Zuletzt kamen auch die anderen Jungfrauen und sprachen: Herr, Herr, tu uns auf! Er antwortete aber und sprach: Wahrlich ich sage euch: Ich kenne euch nicht. Darum wachet; denn ihr wisset weder Tag noch Stunde, in welcher des Menschen Sohn kommen wird.

Kapitel 9

Dualismus im Evangelium nach Lukas

Teil A: Jesus gegen Teufel

Lukas 4,5-8 (Versuchung Christi)

Und der Teufel führte ihn auf einen hohen Berg und zeigte ihm alle Reiche der ganzen Welt in einem Augenblick und sprach zu ihm: Alle diese Macht will ich dir geben und ihre Herrlichkeit; denn sie ist mir übergeben, und ich gebe sie, welchem ich will. So du nun mich willst anbeten, so soll es alles dein sein. Jesus antwortete ihm und sprach: Es steht geschrieben: „Du sollst Gott, deinen HERRN, anbeten und ihm allein dienen."

Der Teufel verspricht Jesus die Macht über alle Reiche der ganzen Welt, unter der Bedingung, dass Jesus den Teufel anbetet. Jesus weist den Teufel natürlich zurück mit der Aussage, man soll nur Gott anbeten und allein Gott dienen.

Wenn aber Gott vollkommen allmächtig wäre, dann wäre sowieso alles von Gott gewollt, inklusive des Teufels. Das heißt, selbst wenn man dem Teufel dienen würde, würde man indirekt Gott dienen, da alles so vom vollkommen allmächtigen Gott geplant wäre. Aber das ist selbstverständlich nicht so. Gott und der Teufel sind absolute Widersacher im Sinne des absoluten Dualismus.

Man sieht auch, dass der Teufel von sich behauptet, Macht über alle Reiche der ganzen Welt zu haben. Und Jesus widerspricht ihm bezüglich dieser Behauptung nicht. Dies zeigt, dass Gott eben nicht vollkommen allmächtig ist und nicht die volle Kontrolle über die Welt hat. Wenn Gott die volle Kontrolle über die Welt hätte, würde es kein Leiden und kein Böses geben.

Teil B: Spaltung

Lukas 12,51-53

Meinet ihr, daß ich hergekommen bin, Frieden zu bringen auf Erden? Ich sage: Nein, sondern Zwietracht. Denn von nun an werden fünf in einem Hause uneins sein, drei wider zwei, und zwei wider drei. Es wird sein der Vater wider den Sohn, und der Sohn wider den Vater; die Mutter wider die Tochter, und die Tochter wider die Mutter; die Schwiegermutter wider die Schwiegertochter, und die Schwiegertochter wider die Schwiegermutter.

Man muss hier anmerken, dass andere Übersetzungen nicht das Wort „Zwietracht" verwenden, sondern ein besser passendes Wort. Die Elberfelder Bibel verwendet das Wort „Entzweiung", die Einheitsübersetzung verwendet das Wort „Spaltung" und die englische King James Version verwendet „division (Teilung)". Damit meint Jesus natürlich keine Spaltung im weltlichen Sinne. Die Menschheit ist sowieso schon gespalten.

Jesus weiß, dass Gott für den Frieden auf Erden die Mitwirkung der Menschheit benötigt. Jesus gibt keine falschen Versprechungen. Man muss sich nur mal die nahezu endlose Liste der Kriege ansehen, die es seit der Zeit von Jesus gegeben hat. Damit ist man eine lange, lange Zeit beschäftigt. Wenn Jesus gesagt hätte, dass er gekommen ist um Frieden zu bringen, wäre dies falsch gewesen. Aber Jesus ist die Wahrheit. Jesus liebt Frieden und das Reich Gottes ist das Reich des Friedens. Aber für Frieden auf Erden braucht Jesus das Mitwirken der Menschheit, weil Gott nicht vollkommen allmächtig ist. Wie man an der langen Liste von Kriegen sieht, hat die Menschheit versagt. Wird sich die Menschheit vor dem letzten Gericht noch ändern?

Dieses Versagen der Menschheit betrifft natürlich nicht den Teil der Menschen, die aufrichtig Frieden wollen. Man muss jedoch beachten, dass manche Leute, die Frieden lieben, trotzdem gezwungen sind zu kämpfen. Diese Friedensliebenden sind in unserer Welt leider vermischt mit Kriegshetzern. Darum die Aussage von Jesus Christus: Entweder ändern sich die Kriegshetzer, oder es wird die Spaltung der Menschheit geben: von Friedensliebenden und Kriegshetzern, von Gut und Böse, von den Anhängern Gottes und den Anhängern des Teufels.

Teil C: Letzte Chance für die Bösen

Lukas 13,6-9

Er sagte ihnen aber dies Gleichnis: Es hatte einer einen Feigenbaum, der war gepflanzt in seinem Weinberge; und er kam und suchte Frucht darauf, und fand sie nicht. Da sprach er zu dem Weingärtner: Siehe, ich bin nun drei Jahre lang alle Jahre gekommen und habe Frucht gesucht auf diesem Feigenbaum, und finde sie nicht. Haue ihn ab! was hindert er das Land? Er aber antwortete und sprach zu ihm: Herr, laß ihn noch dies Jahr, bis daß ich um ihn grabe und bedünge ihn, ob er wolle Frucht bringen, wo nicht so haue ihn darnach ab.

Das Gleichnis vom Feigenbaum ohne Früchte zeigt, dass Gott den Bösen noch eine letzte Chance gibt. Dies ist ein Nebenprodukt dessen, dass Gott sowieso bis zur „Ernte" (siehe das Gleichnis vom Unkraut unter dem Weizen) warten muss. Wenn die Bösen noch heute ihre Rebellion gegen Gott beenden würden, dann wäre noch heute alles Leiden und Böse zu Ende, und man müsste nicht bis zur Zeit der Ernte warten. Und für Gott hat eben die Beendigung allen Leidens die höchste Priorität. Wenn jedoch die Bösen trotz aller Chancen immer noch keine guten Früchte bringen, dann werden sie umgehauen.

Teil D: Es gibt zwei Türen

Lukas 13,22-27

Und er ging durch Städte und Märkte und lehrte und nahm seinen Weg gen Jerusalem. Es sprach aber einer zu ihm: HERR, meinst du, daß wenige selig werden? Er aber sprach zu ihnen: Ringet darnach, daß ihr durch die enge Pforte eingehet; denn viele werden, das sage ich euch, darnach trachten, wie sie hineinkommen, und werden's nicht tun können. Von dem an, wenn der Hauswirt aufgestanden ist und die Tür verschlossen hat, da werdet ihr dann anfangen draußen zu stehen und an die Tür klopfen und sagen: HERR, HERR, tu uns auf! Und er wird antworten und zu euch sagen: Ich kenne euch nicht, wo ihr her seid? So werdet ihr dann anfangen zu sagen: Wir haben vor dir gegessen und getrunken, und auf den Gassen hast du uns gelehrt. Und er wird sagen: Ich sage euch: Ich kenne euch nicht, wo ihr her seid; weichet alle von mir, ihr Übeltäter.

Wenn Gott vollkommen allmächtig wäre, dann müsste man sich nicht anstrengen durch die enge Pforte zu gehen, da Gott über alles vollkommene

Macht hat, und damit würden alle Pforten zu Gott führen. Im Dualismus macht es jedoch Sinn, dass man sich anstrengen muss durch die „enge Pforte" zu gelangen, da es zwei absolut verschiedene Wege gibt: die Pforte Gottes zum ewigen Leben und die Pforte des Teufels zur (Selbst-) Zerstörung.

Kapitel 10

Dualismus im Evangelium nach Johannes

Teil A: Die Welt hasst Jesus

Johannes 7,7

Die Welt kann euch nicht hassen; mich aber haßt sie, denn ich zeuge von ihr, daß ihre Werke böse sind.

Wenn die Welt das Werk eines vollkommen allmächtigen Gottes wäre, wäre es unlogisch, dass die Welt den Sohn Gottes hasst und es wäre auch unlogisch, dass die Taten der Welt böse sind, da die Welt von einem guten und vollkommen allmächtigen Gott geschaffen worden wäre. Aber wenn Gott nicht vollkommen allmächtig ist und der Teufel bei der Welt seine Finger im Spiel hat, macht der Vers Sinn.

Teil B: Jesus ist nicht von dieser Welt

Johannes 8,23

Und er sprach zu ihnen: Ihr seid von untenher, ich bin von obenher; ihr seid von dieser Welt, ich bin nicht von dieser Welt.

Deutlicher kann Jesus es nicht sagen: Er ist nicht von dieser Welt. Wenn dies die Welt eines allmächtigen Gottes wäre, dann wäre Jesus natürlich von der Welt, da die Welt dann die Welt Gottes wäre. Aber unsere Welt ist vom Teufel beeinflusst. Deswegen macht Jesus deutlich, dass er nicht von dieser Welt ist.

Teil C: Es gibt zwei Väter

Johannes 8,38

Ich rede, was ich von meinem Vater gesehen habe; so tut ihr, was ihr von eurem Vater gesehen habt.

Hier spricht Jesus von zwei verschiedenen Vätern. Wenn alles von einem allmächtigen Gott ausgehen würde, würde es nur einen Vater geben. In unserer Welt gibt es jedoch zwei Väter – den echten Vater, Gott – und den Pseudo-Vater, den Hochstapler, nämlich den Teufel.

Johannes 8,43-47

Warum kennet ihr denn meine Sprache nicht? Denn ihr könnt ja mein Wort nicht hören. Ihr seid von dem Vater, dem Teufel, und nach eures Vaters Lust wollt ihr tun. Der ist ein Mörder von Anfang und ist nicht bestanden in der Wahrheit; denn die Wahrheit ist nicht in ihm. Wenn er die Lüge redet, so redet er von seinem Eigenen; denn er ist ein Lügner und ein Vater derselben. Ich aber, weil ich die Wahrheit sage, so glaubet ihr mir nicht. Welcher unter euch kann mich einer Sünde zeihen? So ich aber die Wahrheit sage, warum glaubet ihr mir nicht? Wer von Gott ist, der hört Gottes Worte; darum hört ihr nicht, denn ihr seid nicht von Gott.

Jesus bestätigt, dass der andere „Vater" – der Pseudo-Vater – in der Tat der Teufel ist.

Traurigerweise zeigen diese Verse auch, dass der Teufel viele hat, die ihm folgen. Jesus erklärt uns zudem, dass der Teufel ein Mörder von Anfang an ist. Dies zeigt, dass der Teufel den Tod in die Welt gebracht hat. Vor der Rebellion des Teufels gab es keinen Tod – kein Leid. Und nach der Eliminierung des Teufels wird es keinen Tod mehr geben. Den Tod gibt es nur aufgrund des Teufels. Zudem erklärt Jesus, dass der Teufel der Vater der Lüge ist, und die Anhänger des Teufels die Wahrheit nicht erkennen, da sie nicht von Gott sind. Wenn Gott vollkommen allmächtig wäre, wäre jeder von Gott. Dies zeigt, dass Gott nicht vollkommen allmächtig ist und sich im Kampf gegen den Teufel befindet.

Teil D: Jesus gegen den Herrscher der Welt

Johannes 12,31; 14,30

Jetzt geht das Gericht über die Welt; nun wird der Fürst dieser Welt ausgestoßen werden. Ich werde nicht mehr viel mit euch reden; denn es kommt der Fürst dieser Welt, und hat nichts an mir.

Jesus spricht vom Fürst dieser Welt – dem Teufel – den Jesus ausstoßen wird. Dies kann nur den Teufel als absoluten Widersacher Gottes meinen.

Teil E: Gott und Wahrheit

Johannes 14,17

den Geist der Wahrheit, welchen die Welt nicht kann empfangen; denn sie sieht ihn nicht und kennt ihn nicht. Ihr aber kennet ihn; denn er bleibt bei euch und wird in euch sein.

Wenn unsere Welt die unkorrumpierte Welt Gottes wäre, dann würde die Welt natürlich den Geist der Wahrheit empfangen können und kennen. Den Geist der Wahrheit kennen nur die Anhänger Gottes.

Johannes 15,4-8

Bleibet in mir und ich in euch. Gleichwie die Rebe kann keine Frucht bringen von ihr selber, sie bleibe denn am Weinstock, also auch ihr nicht, ihr bleibet denn in mir. Ich bin der Weinstock, ihr seid die Reben. Wer in mir bleibt und ich in ihm, der bringt viele Frucht, denn ohne mich könnt ihr nichts tun. Wer nicht in mir bleibt, der wird weggeworfen wie eine Rebe und verdorrt, und man sammelt sie und wirft sie ins Feuer, und müssen brennen. So ihr in mir bleibet und meine Worte in euch bleiben, so werdet ihr bitten, was ihr wollt, und es wird euch wider-

fahren. Darin wird mein Vater geehrt, daß ihr viel Frucht bringet und werdet meine Jünger.

Jesus ermahnt die Menschen, dass man ohne Gott nichts ist. Man muss Gott treu folgen – und nicht dem absoluten Gegenspieler – dem Teufel.

Teil F: Die Welt hasst die Anhänger von Jesus

Johannes 15,18-19

So euch die Welt haßt, so wisset, daß sie mich vor euch gehaßt hat. Wäret ihr von der Welt, so hätte die Welt das Ihre lieb; weil ihr aber nicht von der Welt seid, sondern ich habe euch von der Welt erwählt, darum haßt euch die Welt.

Wenn dies die Welt Gottes wäre, dann wären die Anhänger von Jesus natürlich von der Welt. Aber die Anhänger von Jesus sind nicht von der Welt, da dies nicht die Welt Gottes ist. Deswegen der Hass der Welt auf die Anhänger von Jesus.

Johannes 16,33

Solches habe ich mit euch geredet, daß ihr in mir Frieden habet. In der Welt habt ihr Angst; aber seid getrost, ich habe die Welt überwunden.

Wenn dies die Welt Gottes wäre, dann wäre es für Jesus nicht nötig, die Welt zu überwinden. Wenn dies die Welt Gottes wäre, würde Jesus die Welt annehmen, anstatt die Welt zu überwinden.

Teil G: Jesus betet nicht für die Welt

Johannes 17,9

Ich bitte für sie und bitte nicht für die Welt, sondern für die, die du mir gegeben hast; denn sie sind dein.

Wenn alle Menschen Anhänger Gottes wären, dann würde Jesus für alle Menschen beten. Doch dies ist leider nicht der Fall. Jesus stellt klar, dass er nur für die Anhänger Gottes betet und nicht für alle Menschen.

Teil H: Jesus betet nur für die Guten

Johannes 17,14-16

Ich habe ihnen gegeben dein Wort, und die Welt haßte sie; denn sie sind nicht von der Welt, wie ich denn auch nicht von der Welt bin. Ich bitte nicht, daß du sie von der Welt nehmest, sondern daß du sie bewahrst vor dem Übel. Sie sind nicht von der Welt, gleichwie ich auch nicht von der Welt bin.

Jesus sagt ein weiteres Mal, dass er nicht von der Welt ist. Auch seine Anhänger sind nicht von der Welt. Er bittet darum, dass seine Anhänger vor dem Bösen beschützt werden, bis der Tag kommt, an dem Jesus seine Anhänger von der Welt retten wird.

Teil I: Das Königreich von Jesus ist nicht von dieser Welt

Johannes 18,36

Jesus antwortete: Mein Reich ist nicht von dieser Welt. Wäre mein Reich von dieser Welt, meine Diener würden kämpfen, daß ich den Juden nicht überantwortet würde; aber nun ist mein Reich nicht von dannen.

Jesus erklärt noch einmal, dass sein Reich nicht von dieser Welt ist. Jesus macht auch deutlich, dass er nicht um diese Welt kämpfen wird. Der Grund dafür ist, dass unsere Welt eine Welt von Leid, Tod und anderer Grausamkeiten ist. Warum würde Jesus um so eine Welt kämpfen wollen und sie zu seinem eigenen Reich machen wollen? Das Ziel von Jesus ist es, alles Böse und Leiden zu eliminieren. Sein Ziel ist nicht, der Herr über Böses und Leiden zu werden. Jesus ist gekommen um die Guten von den Bösen zu trennen und nicht um der Herr über unseren weltlichen Mischmasch von Gut und Böse zu werden.

Kapitel 11

<u>Weiterer Dualismus im Neuen Testament</u>

Teil A: Keine Freundschaft mit der Welt

Jakobus 4,4

Ihr Ehebrecher und Ehebrecherinnen, wisset ihr nicht, daß der Welt Freundschaft Gottes Feindschaft ist? Wer der Welt Freund sein will, der wird Gottes Feind sein.

Nach der konventionellen Sicht ist Gott vollkommen allmächtig und hat daher die volle Kontrolle über die Welt. Wenn Gott jedoch die volle Kontrolle über die Welt hat, dann macht es keinen Sinn, dass man dann ein Feind Gottes wäre, wenn man ein Freund der Welt ist. Es macht aber Sinn, unter der Voraussetzung, dass Gott eben nicht die volle Kontrolle über die Welt hat und daher vieles, was in der Welt passiert, nicht von Gott gewollt ist. Diejenigen, die ein Freund der Welt sind – von unserer Welt voller Leiden und Tod und allerlei anderen Scheußlichkeiten – machen sich selbst zum Feind Gottes. Der Vers von Jakobus erinnert auch an das Sprichwort: Man muss in der Welt leben, ohne von der Welt zu sein.

1. Johannes 2,15

Habt nicht lieb die Welt noch was in der Welt ist. So jemand die Welt liebhat, in dem ist nicht die Liebe des Vaters.

Dieser Vers aus dem ersten Brief des Johannes ist dem obigen Vers von Jakobus ähnlich. Die Liebe von Gott ist die Liebe von Ewigkeit, Frieden, Freiheit und Freude, während die Liebe der Welt die Liebe von Tod, Konflikten, Zwang und Leiden ist. Dies macht nur Sinn im absoluten Dualismus. Ohne den absoluten Dualismus wäre nämlich alles ein Ausdruck des einen Gottes – die Liebe des Vaters und die Liebe der Welt wären also identisch.

Teil B: Jesus gegen Teufel

1. Johannes 3,8

Wer Sünde tut, der ist vom Teufel; denn der Teufel sündigt von Anfang. Dazu ist erschienen der Sohn Gottes, daß er die Werke des Teufels zerstöre.

Jesus, der Sohn Gottes ist der absolute Widersacher des Teufels. Wenn Gott vollkommen allmächtig wäre, dann wäre der Kampf zwischen Christus und Anti-Christus nur gespielt. Dies würde keinen Sinn ergeben. Im Dualismus ergibt es jedoch Sinn.

1. Johannes 5,19

Wir wissen, daß wir von Gott sind und die ganze Welt im Argen liegt.

Wenn Gott vollkommen allmächtig wäre, dann hätte Gott die Macht, die Welt sofort zu korrigieren. Warum also liegt die ganze Welt dann im Argen?

3. Johannes 11

Mein Lieber, folge nicht nach dem Bösen, sondern dem Guten. Wer Gutes tut, der ist von Gott; wer Böses tut, der sieht Gott nicht.

Ein weiterer dualistischer Vers.

Offenbarung 1,16

Und er hatte sieben Sterne in seiner rechten Hand, und aus seinem Munde ging ein scharfes, zweischneidiges Schwert, und sein Angesicht leuchtete wie die helle Sonne.

Diese Vision der Offenbarung zeigt den mächtigen Jesus mit einem scharfen, zweischneidigen Schwert! Das zweischneidige Schwert von Jesus ist dazu da, die Spreu vom Weizen zu trennen, die Bösen von den Guten zu trennen. Dies macht nur Sinn im Dualismus!

Kapitel 11

<u>Verse zur Stärkung des Glaubens</u>

Teil A: Verse

Matthäus 5,4; 5,6; 5,8; 5,11; 5,12

Selig sind, die da Leid tragen; denn sie sollen getröstet werden.

Selig sind, die da hungert und dürstet nach der Gerechtigkeit; denn sie sollen satt werden.

Selig sind, die reines Herzens sind; denn sie werden Gott schauen.

Selig seid ihr, wenn euch die Menschen um meinetwillen schmähen und verfolgen und reden allerlei Übles gegen euch, so sie daran lügen.

Seid fröhlich und getrost; es wird euch im Himmel wohl belohnt werden.

Matthäus 24,11-13

Und es werden sich viel falsche Propheten erheben und werden viele verführen. Und dieweil die Ungerechtigkeit wird überhandnehmen, wird die Liebe in vielen erkalten. Wer aber beharret bis ans Ende, der wird selig.

Lukas 12,37

Selig sind die Knechte, die der Herr, so er kommt, wachend findet. Wahrlich, ich sage euch: Er wird sich aufschürzen und wird sie zu Tische setzen und vor ihnen gehen und ihnen dienen.

Johannes 8,12

Da redete Jesus abermals zu ihnen und sprach: Ich bin das Licht der Welt; wer mir nachfolgt, der wird nicht wandeln in der Finsternis, sondern wird das Licht des Lebens haben.

Johannes 12,46

Ich bin gekommen in die Welt ein Licht, auf daß, wer an mich glaubt, nicht in der Finsternis bleibe.

Johannes 14,23

Jesus antwortete und sprach zu ihm: Wer mich liebt, der wird mein Wort halten; und mein Vater wird ihn lieben, und wir werden zu ihm kommen und Wohnung bei ihm machen.

Offenbarung 3,20-21

Siehe, ich stehe vor der Tür und klopfe an. So jemand meine Stimme hören wird und die Tür auftun, zu dem werde ich eingehen und das Abendmahl mit ihm halten und er mit mir. Wer überwindet, dem will ich geben, mit mir auf meinem Stuhl zu sitzen, wie ich überwunden habe und mich gesetzt mit meinem Vater auf seinen Stuhl.

Offenbarung 7,9-10

Darnach sah ich, und siehe, eine große Schar, welche niemand zählen konnte, aus allen Heiden und Völkern und Sprachen, vor dem Stuhl stehend und vor dem Lamm, angetan mit weißen Kleidern und Palmen in ihren Händen, schrieen mit großer Stimme und sprachen: Heil sei dem, der auf dem Stuhl sitzt, unserm Gott, und dem Lamm!

Offenbarung 7,17

Denn das Lamm mitten im Stuhl wird sie weiden und leiten zu den lebendigen Wasserbrunnen, und Gott wird abwischen alle Tränen von ihren Augen.

Offenbarung 22,1-5

Und er zeigte mir einen lautern Strom des lebendigen Wassers, klar wie ein Kristall; der ging aus von dem Stuhl Gottes und des Lammes. Mitten auf ihrer Gasse auf beiden Seiten des Stroms stand Holz des Lebens, das trug zwölfmal Früchte und brachte seine Früchte alle Monate; und die Blätter des Holzes dienten

zu der Gesundheit der Heiden. Und es wird kein Ver-
banntes mehr sein. Und der Stuhl Gottes und des Lammes
wird darin sein; und seine Knechte werden ihm dienen
und sehen sein Angesicht; und sein Name wird an ihren
Stirnen sein. Und wird keine Nacht da sein, und sie
werden nicht bedürfen einer Leuchte oder des Lichts der
Sonne; denn Gott der HERR wird sie erleuchten, und sie
werden regieren von Ewigkeit zu Ewigkeit.

Teil B: Schlusswort

Ich wünsche Ihnen von ganzem Herzen, dass diese Verse Sie bei Ihrer Suche nach Gott und der Wahrheit stärken und unterstützen werden. Der Wille zum Glauben, trotz Leiden und ungewissem Ausgang, erfordert Mut, Stärke und die Unterstützung durch Gott.

„Es gibt zwei Arten sich zu täuschen. Die eine ist zu glauben, was nicht wahr ist; die andere ist nicht zu glauben, was wahr ist."

(„There are two ways to be fooled. One is to believe what isn't true; the other is to refuse to believe what is true.")

- **Søren Kierkegaard (1813 - 1855)**

Die Taten der Liebe (1847)

„Ich glaube nicht mit kindlicher Naivität an Jesus Christus. Mein Hosanna stammt aus einem Feuer des Zweifels."

(„It is not as a child that I believe and confess Jesus Christ. My hosanna is born of a furnace of doubt.")

- **Fjodor Dostojewski (1821 - 1881)**
Quoted in: Kierkegaard the Melancholy Dane (1950)
by Harold Victor Martin

„Die Verbindung geht direkt von Herz zu Herz, von Seele zu Seele, zwischen dem Menschen und seinem Schöpfer."

(„The relation goes direct from heart to heart, from soul to soul, between man and his maker.")

- **William James (1842 - 1910)**

The Varieties of Religious Experience (1902)

„Gott besiegt den Tod nicht durch das Leiden, sondern durch das Kämpfen."

(„It is not by suffering that God conquers death, but by fighting.")

- **H. G. Wells (1866 - 1946)**

God the Invisible King (1917)

„Wer die Welt am besten versteht, mag sie am wenigsten."

(„He that best understands the World, least likes it.")

- **Benjamin Franklin (1706 - 1790)**
Poor Richard's Almanack (1753)